AF602986

# OH ! QUE C'EST SCIANT,

OU

# OXESSIAN,

IMITATION BURLESQUE EN UN ACTE,

ET EN VAUDEVILLES,

## D'OSSIAN, OU LES BARDES,

PAR MM. FRANCIS ET DÉSAUGIERS;

*Représentée, pour les premières fois, à Paris, sur le Théâtre Montansier, les* 16, 17, 18, 19 et 20 *Fructidor an* 12.

Prix, 1 franc.

A PARIS,

Chez Mad. CAVANAGH, Libraire, sous le nouveau passage du Panorama, No. 5, entre le Boulevard Montmartre et la rue St.-Marc.

AN XIII. — (1804.)

## *PERSONNAGES.*

OXESSIAN, Directeur du Théâtre d'Angoulême — M. *Tiercelin.*

BARBARO, Entrepreneur du Tivoli d'Angoulême, et Italien. — M. *Volange fils.*

ROSMOILA, fille de Rougebord, et amante d'Oxessian. — Mad. *Drouville.*

ALTELA, Acteur et ami d'Oxessian. — M. *Bosquier-Gavaudan.*

COCO, fils de Barbaro, et amoureux de Rosmoila. — M. *Vauxdoré.*

ROUGEBORD, Rôtisseur. — M. *Joly.*

Troupes d'Oxessian.

Troupes de Barbaro.

Marmitons au service de Rougebord.

*La scène est à Angoulême.*

*Le Théâtre représente une place publique. A la gauche du spectateur est la façade d'un Théâtre ; à droite, une grille en fer, annonçant l'entrée d'un jardin public. On entrevoit un ballon préparé pour la fête. Le fond est la boutique d'un rôtisseur ; elle a pour enseigne une dinde bardée. Au-dessous on lit ces mots :* à la renommée des bardes. *Uu large fossé coupe le fond du théâtre. Il est censé plein d'eau, et à cause de l'orage qu'il fait et qui doit être peint par l'ouverture, on ne peut passer ce fossé qu'à l'aide d'une planche qui le traverse. Le jour est très-sombre au lever de la toile.*

# OXESSIAN.

## SCENE PREMIÈRE.

ALTELA, CHŒUR D'HOMMES.

ALTELA.

Air : *Ciel l'univers va-t-il donc se dissoudre!*

Dieu! quel déluge aujourd'hui nous inonde ;
Notre jardin
N'est plus qu'un grand bassin !
Comme le tonnerre gronde ;
C'est pis que la fin du monde ;
Adieu lampions,
Illuminations.
Sans ce triste accident,
Notre recette
Etait complette,
Mais ce torrent
Emporte notre argent.

CHOEUR. Sans ce triste, etc.

ALTELA.

Mes camarades, cette pluie qui nous met à sec, serait pour nous une pluie d'or, si nous n'avions pas planté là notre premier directeur.

TOUS.

Ah oui !

ALTELA.

Eh pourquoi, s'il vous plait ? Pour nous engager chez son voisin Barbaro, où nous ne mangeons pas tous les jours.

TOUS.

Oh non !

ALTELA.

Chez lui, notre mémoire déloge ; nos talens déménagent ; notre gloire dégringole ; notre bourse diminue ; notre appétit augmente et nos gosiers se rouillent.

TOUS.

Ah oui !

ALTELA.

Et cette pauvre Rosmoila, notre jeune première, si étonnante dans les reines et poissardes, qui nous a fait faire jusqu'à des quarante-cinq francs vingt centimes de recette, méritait-elle de devenir l'épouse de son fils Coco, d'un sot, d'un...

TOUS.

Ah ! non.

ALTELA.

Eh bien, dignes camarades d'Altela, jurez de dire ce que je dirai, de faire ce que je ferai et d'aller où j'irai.

TOUS.

Dis, fais, va.

ALTELA.

Air : *de Guillaume-le-Conquérant.*

Amis, à la voix d'Altela,
Rappelez tout votre courage.
Il faut arracher Rosmoila
A ce Barbaro qui l'outrage.
Cette nuit, dès qu'il fera jour,
Pour la rendre à celui qu'elle aime,
Tous sans trompette et sans tambour,
Nous détalerons d'Angoulême.
Faisons nos paquets aujourd'hui ;
Mais entre nous, que rien ne cloche....
Malheur à qui, malheur à celui
Qui nous ferait une bamboche !

CHOEUR.

Faisons nos paquets etc.

ALTELA.

Chût, Barbaro s'avance ; dissimulons jusqu'à demain.

TOUS.

Dissimulons.

---

SCENE II.

Les Précédens, BARBARO.

BARBARO, *une emplâtre sur un œil, et tenant un parapluie ouvert.*

Eh bien ! qu'est-ce diable que vi faites là ?

ALTELA.

Nous regardons le tems qu'il fait.

BARBARO.

Vi voyez pas que il pleut, et que la recette il est perdu.

Air : *Charmante Gabrielle.*

Entrepreneur de fêtes
Ah ! quel est notre sort !
Victimes des tempêtes,
Nous périssons au port.
Après bien des dépenses,
Un vent trop frais,
Eteint nos espérances
Et nos quinquets.

TOUS.

Après bien etc.

BARBARO.

En attendant un pieu bello tempo, qu'on prépare subitò tous les instrumens, violino, alto, basso, fagotto, flautto et corno, per il matrimonio de mon fils Coco.

ALTELA.

Oubliez-vous que Rosmoila a un père ?

BARBARO.

Tant mieux pour elle.

ALTELA.

Un amant ?

BARBARO.

Tant pis pour lui.

ALTELA.

Pourquoi donc en voulez-vous tant à ce pauvre Oxessian, que peut-être on ne reverra plus ?

BARBARO.

Perche, il représente sous l'ardoise, et moi en plein vent.

Air : *du vaudeville de M. Guillaume.*

Oxessian voudrait per sa recette
Que tous les soirs il pût tomber de l'eau.
Moi, per voir la mienne complette,
Je voudrais qu'il fit toujours beau.
Pour que l'amitié nous rassemble,
Avec des goûts si différens,
Tâchez donc d'accorder ensemble
La pluie et le beau tems.

---

## SCENE III.

Les Précédens, COCO.

COCO, *accourant.*

Il arrive ! il arrive !

BARBARO.

Qui donc ?

COCO.

Air : *du vaudeville du Sorcier.*

J'étais tout seul sur la grand' route,
Lorsque me r'tournant à propos,
J'apperçois qu' j'ai, sans que j'm'en doute,
Un vélocifère sur l'dos.
Au moment où j'crie, en colère,
Au postillon qui s'moquait d'çà,
Qu'est qu'c'est qu'ça, qu'est qu'c'est qu'çà !
Est-ce qu'on va
De c'train là !
Je r'çois un soufflet d'la portière...
Savez-vous qui m'a fait c'présent !...
Oxessian !

BARBARO.

Oxessian !

TOUS.

Oxessian ! Oxessian !

ALTELA, *bas, à ses amis, en récitatif.*

« Sur les rives de la Charente,
» Il vient venger sa gloire et son amante. »

COCO.

Il s'avance à la tête de sa troupe.

BARBARO.

Est-il armé ?

COCO.

D'un mirliton.

BARBARO.

Air : *Eh ! quoi, tout sommeille.* (*air de chasse.*)

Sous mon parapluie,
Que l'on se rallie ;
Partagez tous
Mon trop juste couroux ;
Et dans sa furie,
Que chacun s'écrie,
D'un même élan :
Périsse Oxessian !
Sa troupe comique,
Fera, je m'en pique,
Une fin tragique,
Dont on parlera.

*A Altela.*

En ami fidèle,
Pendant la querelle,
Toi, veille avec zèle
Sur Rosmoila.

BARBARO ET LE CHOEUR.

Sous mon parapluie, etc.

---

## SCENE IV.

ALTELA, *seul.*

Courage, Altela, voilà un retour qui donnera furieusement sur l'aile au signor Barbaro, et qui va peut-être te rendre à la carrière où tu t'étais si glorieusement lancé dans l'emploi des Crispins et des Grands-Prêtres... Et cette pauvre Rosmoila, qui, prête à serrer le nœud conjugal, chantait ce matin d'une voix si lamantable :

« Victime infortunée,
» A l'autel entraînée. »

Va, par une transition heureuse, s'écrier :

« Heureux moment, bonheur suprême,
» Je vais revoir celui que j'aime. »

Il ne nous manque plus que son père Rougebord ; depuis deux ans qu'il a quitté, je ne sais pourquoi, cette boutique qui lui appartenait, on ignore ce qu'il est devenu. Quelle perte pour les frians d'Angoulême, et sur-tout pour l'ami d'Oxessian, qui ne rêvait que dindes et bardes !

Air : *du Jaloux malgré lui.*

Plein d'appétit et de tendresse,
A la cuisine, nuit et jour,
Entre la broche et sa maîtresse,
On voyait flotter son amour.
Du traiteur et de sa famille,
Il s'était déclaré l'appui...
Et lorsqu'il brûlait pour la fille,
Le papa rôtissait pour lui.

---

## SCENE VII.

ALTELA, ROSMOILA.

ROSMOILA.

Air : *Ah! mon Dieu, que je l'échappe belle.*

Qu'ai-je appris, quoi! l'amant que j'adore
R'viendrait me chercher,
M'arracher
A l'homme que j'abhore!
O! bonheur,
Dont mon cœur
Doute encore...
Mais est-il décent
D'aller au d'vant
De son amant!...
Qu'est qu'ça fait, c'est l'plaisir qui m'égare...
Ah! dis-moi d'abord,
Pinc'-t-il encor
De la guittare!
De mes sens quel délire s'empare!
De son mirliton
J'entendrais encor le doux son!
Ous qu'il est! quoi! depuis que je chante,
Ne devrait-il pas
Etre dans les bras
D'son amante!
J'n'y tiens plus, et jusqu'à c'qu'il s'présente,
Je cours,
Je parcours
Angoulême et tous ses faubourgs.

ALTELA.

Arrêtez.

ROSMOILA.

Altela! je ne me connais plus.

ALTELA.

Réprimez les transports d'un cœur trop expressif, Barbaro nous observe.

ROSMOILA, *reculant avec horreur.*

Barbaro!... ah.. ce nom seul me fait frissonner... Tiens, vois la chair de poule.

ALTELA.

Faisons encore patte de velours, notre argus est là.

ROSMOILA, *avec abandon.*

Mon amant est ici.

Air *de la romance des Visitandines.*

Toi, que j'aime plus que ma vie
Que je voudrais en vain ne plus chérir.

Air : *Un jour la gentille Lisette.*

Déja les torches d'hyménée
Allaient couronner mes beaux jours,
Déja je m'voyais condamnée
A te perdre hélas, pour toujours!
Mais d'mon amour
Par ton retour,
J'vois la constance couronnée ;
Le ciel vengeur
T'rend à mon cœur
Oxessian, ah ! quel bonheur !

*CHOEUR, dans le lointain*

Air *d'Anacréon.*

Enfin nous voilà
Dans notre patrie,
Vengeons une amie,
Vengeons Rosmoila.

ALTELA.

Il approche avec sa troupe.

ROSMOILA.

Ciel.

ALTELA.

Je m'en vais pour vous laisser seuls. ( *Il sort.* )

SUITE DU CHOEUR.

Qu'un succès nouveau
Nous fasse connaître
Punissons un traître,
Guerre à Barbaro.
Enfin nous voilà, etc.

---

## SCENE VI.

OXESSIAN ET SA TROUPE, ROSMOILA.

ROSMOILA.

C'est lui !

OXESSIAN.

C'est elle!

ROSMOILA.

Je te revois !

OXESSIAN.

Je te retrouve!

ROSMOILA.

Oxessian.

OXESSIAN.

Rosmoila.

ROSMOILA.

Air *de la contredanse de l'Eté.*

Depuis qu'je n'tai vu,
Qu'es-tu d'venu ?
D'où donc viens-tu ?
T'es-tu souv'nu
De nos amours
M'es-tu toujours
Resté fidèle ?
Dis moi ce qu't'u f'sais
De mes billets ?
Viens-tu d'Paris ?
Ous'donc qu't'as mis
Tous tes effets
Et tes paquets ?

OXESSIAN.

Sais-tu bien que v'là
Un an déjà
Que j'suis parti ?
Dans c'pays-ci,
Que faisait-on ?
Apprends moi donc
Quelque nouvelle....
Mon voisin maudit
Faisait-il du bruit,
Et chaque soir
Vient-on pour voir
Ses feux follets
Et ses quinquets ?

ROSMOILA.

Satisfais mon impatience.
Jusqu'au bout,
J'veux q'tu m'dises tout.!

OXESSIAN.

Mais c'est toi qui garde l'silence !
Réponds-moi
Je n'parlerai qu'après toi.

ROSMOILA. *Ensemble.* OXESSIAN.

Depuis qu' je n'tai vu, etc. Sais-tu bien que v'là, etc.

OXESSIAN.

Dis-moi, m'as-tu conservé ton cœur ?

ROSMOILA.

Peux-tu me le demander ?

OXESSIAN.

Et ta voix ?

ROSMOILA.

Depuis qu'es parti, je chante comme une perdue.

OXESSIAN

Pauvre petite !

Air : *Souvent la nuit, quand je sommeille*

Je chante au lever de l'aurore,
Je chante au coucher du soleil ;
En sommeillant je chante encore,
Je chante encore à mon reveil !
Je chante au repas, à l'ouvrage,
Et je chante même en parlant...
Ah ! dis-moi, toi-même à présent,
Si l'on peut chanter davantage.

OXESSIAN.

Je ne le crois pas. *Il lui montre le mirliton qu'il a en bandoulière.* Reconnais-tu cet instrument ?

ROSMOILA.

C'est celui sur lequel tu me chantas pour la première fois : ( *Elle chante* ) « Je t'aime tant, je t'aime tant. » Comme tu en détachais dans ce tems là !

OXESSIAN.

Toujours la même force.

ROSMOILA.

Quel talent ?

OXESSIAN.

Mais te l'avouerai-je !

ROSMOILA.

Quoi donc ?

OXESSIAN.

Air : *Ah ! mon ami, pardonne moi.* ( de l'un après l'autre.)

En soufflant dans cet instrument,
D'une trop fragile struture,
Un jour, par un triste accident,
Je vis se crever sa pelure...
Ah ! j'en pleurai... Ce mirliton
Ne pouvait plus chanter tes charmes...
Non, jamais une peau d'ognon,
N'a fait répandre tant de larmes.

ROSMOILA.

Comme il m'aime ! Dis-moi donc quels sont ces étrangers qui sont avec toi ?

OXESSIAN.

C'est ma troupe.

ROSMOILA

Tu viens donc reprendre ton theâtre ?

OXESSIAN

Et j'apporte aussi d'quoi le remonter avec une certaine prépondérance.

ROSMOILA

Ah ! quel déchet pour Barbaro !

Pour attendrir, ce dieu malin
De l'italien fait usage;
Mais quand tromper est son dessein,
L'Anglais lui prête son langage.
Notre succès est certain.

ERNESTINE.

Peut-être le serait-il davantage, si tu t'étais déclaré à mon père.

FORLIS.

Je ne suis en garnison dans cette ville que depuis quelques mois, et ton père ne me connaît pas assez pour m'accorder ta main; mais moi je t'ai assez vue pour empêcher de tout mon pouvoir qu'elle appartienne à un autre.

ERNESTINE.

Puisses-tu y parvenir!..

FORLIS.

Air:

Sur l'intérêt que je t'inspire
Je fonde l'espoir le plus doux,
L'amour jaloux de son empire
Aujourd'hui combattra pour nous.
Oui, le rival qui va paraître
Bientôt s'éloignera confus...
Et le bonheur de te connaître
Lui prépare un regret de plus.

ERNESTINE.

C'est mon père, cache ta lettre.

---

## SCENE II.

Les Précédens, RICHARD.

RICHARD.

Encore avec ma fille!... Mais sais-tu, mon cher Forlis, que si Ernestine n'était pas sur le point de se marier, tu m'inspirerais des soupçons... Ah-çà, ma fille, il va arriver...

ERNESTINE.

Qui, mon père?

RICHARD.

Ai-je besoin de te le nommer? ton prétendu.

ERNESTINE.

Monsieur Bouffonet?

RICHARD.

Lui-même. Vous ne vous connaissez ni l'un ni l'autre; mais je suis sûr que vous vous conviendrez. (*Bas à Forlis.*) As-tu songé aux couplets que je t'ai demandés pour leur mariage...

FORLIS, *bas à Richard.*

Je m'en occupe.

RICHARD.

Fils d'un vieux marin, il doit être franc et loyal, et par conséquent ennemi d'une nation qui ne fonde sa force que sur la dissimulation et l'intrigue.

FORLIS.

Vous tenez donc beaucoup à cette clause là !

RICHARD.

Plus qu'à la fortune, qui pourtant ne gâte rien en ménage.

ERNESTINE, *à part.*

Bon !

FORLIS.

Mais si M. Bouffonet ne partageait pas votre opinion.

RICHARD.

Il ne serait pas mon gendre.

FORLIS, *bas à Ernestine.*

Tu l'entends.

RICHARD.

L'ami d'une nation qui m'a fait tant de mal ne peut être le mien, et d'ailleurs je hais la contrariété...

Air : *Pour une femme à caractère.* ( de Palma.)

Je prétends que dans ma famille,
Ma volonté fasse la loi,
Et que l'époux qu'aura ma fille,
Agisse et pense comme moi.
Il n'est que trop de bonnes ames,
Qui nous contredisent pour rien,
Et je ne compte pas nos femmes,
Qui pourtant s'en acquittent bien.

Mais le jour tombe ; voici l'heure où mon gendre doit arriver, je vais à sa rencontre.

ERNESTINE *bas à Forlis.*

S'il le voit avant nous, tout est perdu.

FORLIS *bas à Ernestine.*

Je ne le quitte pas. *Haut à Richard.* Permettez que je vous accompagne. Je brûle de voir si M. Bouffonet sera digne de la main que vous lui destinez.

RICHARD.

Oh ! il le sera, il le sera. Viens.

FORLIS *bas à Ernestine.*

Songe à ton rôle...

ERNESTINE.

Et à toi !

## SCÈNE III.

ERNESTINE, *seule.*

L'entreprise est hardie... et j'entrevois bien des obstacles... qu'il serait cruel d'y succomber! mais qu'il serait doux de les vaincre!... Jusqu'ici tout nous favorise... mais il faut que ma toilette seconde mon accent, et complette l'illusion... Voyons. *Elle essaye un chapeau de paille devant une glace.*

*RONDEAU de Le Berton.*

Ce modeste chapeau, dépouillé d'ornement,
Prête à mon front, en cachant ma folie,
L'attrait touchant
De la mélancolie...
Je saisirai bien
Le ton, le maintien
D'une Anglaise timide.
Quand l'amour est notre guide,
C'est l'adresse qui décide.
Villageoise, soubrette, Anglaise ou cavalier,
Aucun rôle en amour ne peut nous effrayer.
Esclaves par la faiblesse,
Souveraines par l'adresse,
Nous savons à propos fléchir ou commander,
Et le maître à l'esclave est forcé de céder.

D'abord, lentement je m'avance;
Mes yeux baissés annoncent l'embarras;
A l'abandon je laisse aller mes bras,
Et je fais gauchement une humble révérence;
Je balbutie un compliment anglais,
Le pauvre sot tombe dans mes filets.
Oh! je prendrai bien
Le ton, le maintien
D'une Anglaise timide;
Oui, quand l'amour est notre guide, etc.

J'entends du bruit... C'est sans doute notre original que Germain nous amène; cèdons-lui un instant la place, pour mieux me préparer à mon rôle. (*Elle sort*).

## SCÈNE IV.

BOUFFONET, GERMAIN.

BOUFFONET, *avec l'accent du désespoir.*

Laisse-moi, laisse-moi.

GERMAIN.

Non, monsieur, je ne vous quitte pas.

BOUFFONET.

Chien de voyage!

GERMAIN.

Chût!

BOUFFONET.

Maudit coup de vent !

GERMAIN.

Plus bas !

BOUFFONET.

Infernale tempête !

GERMAIN.

De la prudence ! Songez donc que vous êtes à Londres.

BOUFFONET.

Je n'y songe que trop.

GERMAIN.

Que les murs ont des oreilles.

BOUFFONET.

Qu'ils entendent, s'ils veulent.

GERMAIN.

Que nous ne savons pas chez qui nous sommes.

BOUFFONET.

Je crois bien ; à peine debarqués dans cette ville de malheur, nous sommes arrêtés par quatre estafiers à qui le diable n'aurait pas arraché une parole, conduit par je ne sais quel chemin, dans une rue détournée, où jamais figure humaine n'avait passé avant nous ; introduits dans une maison où trois chiens qui nous ont sans doute reconnus pour des Français allaient nous expédier, si on n'eût bien vite laché un *goddem* qui était sans doute le mot d'ordre ; forcés d'enfiler ensuite un long diable de corridor triste et noir comme la face de nos conducteurs, et où pour nous achever de peindre, ils nous souhaitent le bon soir et nous plantent là nez à nez ; enfin à force de tâtonner, une clef se trouve sous nos doigts, nous ouvrons, et nous finissons par nous trouver, je ne sais ni comment ni pourquoi, chez je ne sais qui.

GERMAIN, *mystérieusement.*

Et moi, mon cher maître, j'ai de forts soupçons...

BOUFFONET.

De quoi !

GERMAIN.

Chut?

BOUFFONET.

Je tremble !....

GERMAIN.

En entrant dans cette maison, l'obscurité ne m'a pas empêché de distinguer au-dessus du bâtiment comme qui dirait des crénaux...

BOUFFONET.

Des crénaux !...

GERMAIN.

Des bastions.

BOUFFONET.

Des bastions !

GERMAIN

Des affuts.

BOUFFONET

Des affuts !

GERMAIN

Et des canons.

BOUFFONET

Et des canons.

GERMAIN.

Et des canons.

BOUFFONET

De quel calibre, mon ami ?

GERMAIN

Cinq de 8, et trois de 24.

BOUFFONET

Nous sommes morts.

GERMAIN

Ou du moins prisonniers.

BOUFFONET.

Ah ! mon pauvre Germain !

GERMAIN

Allons, un peu de résignation.

BOUFFONET.

Que dira ma prétendue ?

GERMAIN.

Il faut lui écrire notre catastrophe.

BOUFFONET.

Perdre une femme par le caprice des vents.

GERMAIN.

Les perd-on autrement ?

BOUFFONET.

Voyagez donc sur l'eau, après cela.

GERMAIN.

Moi, je l'ai toujours eue en horreur.

BOUFFONET.

Air *d'Angélique et Melcourt.*

Je me voyais déjà l'époux
D'une femme qu'on dit charmante,

Deux élémens semblaient jaloux
De me porter à mon amante.
Vers elle je volais ravi...
Crac, nn coup de vent effroyable,
A Londre emporte le mari,
Et le mariage au diable,

GERMAIN.

Sans le danger d'être claquemurés, moi, je ne verrais pas grand mal à tout cela.

BOUFFONET.

Comment! pas grand mal! échouer de cette manière au moment de me marier!...

GERMAIN

Air : *Boire du vin de France.*

Calmez-vous, mon cher maître.
Ce naufrage fâcheux
Vous en sauve peut-être
Un bien plus malheureux.

BOUFFONET.

Mais me voir à Londres, quand je ne voulais aller qu'à Auxerre.

GERMAIN (*il suit son couplet*)

Vous n'êtes pas, je gage,
Le seul de Montargis
A qui le mariage
Ait fait voir du pays.

BOUFFONET.

Mais enfin, que faire, là : voyons.

GERMAIN.

Nous conformer aux usages de la ville où nous nous trouvons, et intéresser à notre sort le gouverneur de la citadelle.

BOUFFONET.

Et comment intéresser ces gens-là.

GERMAIN.

D'abord par la douceur.

BOUFFONET.

Tu sais qu'un agneau et moi.....

GERMAIN.

Ensuite par de petits présens.

BOUFFONET.

Tu crois ?..

GERMAIN.

L'or est un moyen de séduction que ces messieurs *ne rougissent* pas *d'employer*, pourquoi serions-nous plus délicats

BOUFFONET.

J'ai bien là quelques pièces d'or...

GERMAIN.

Des pièces d'or... donnez, donnez, il est anglais... je n'aurai pas de peine à les lui faire accepter.

BOUFFONET.

Mais s'il allait s'offenser...

GERMAIN

Qui? le gouverneur! Eh! mon dieu! donnez moi seulement l'argent. ( *Il prend la bourse.* ) Il est à moi.

BOUFFONET.

Je me fie à ton adresse.

GERMAIN.

On vient... peste! c'est une jolie femme.

---

## SCENE V.

Les Précédens, ERNESTINE, *costumée à l'anglaise.*

ERNESTINE, *affectant une grande surprise et l'accent anglais.*

Ah!... ces messieurs, ils sont les Français nouveaux arrivés?

GERMAIN.

Eux-mêmes, mademoiselle, mais rassurez-vous.

Air :

Ne redoutez rien des Français,
Ils sont galans autant que braves,
Et quoique ennemis des Anglais,
Des Anglaises ils sont esclaves;
Si toutes avaient vos appas,
Ils cesseraient, amans fidèles,
D'être en guerre avec vos soldats
Pour ne la faire qu'à leurs belles.

ERNESTINE.

Je save bien que le Français, il est poli considérablement, beaucoup fort.

GERMAIN.

La franchise est son principal caractère. (*Bas à Ernestine*) Nous le tenons.

ERNESTINE, *de même.*

Bon! ( *Haut* ) J'avé appris votre petite accident; il est malheureuse beaucoup.

GERMAIN.

Vous savez déjà? ..

ERNESTINE.

Je savé tout le histoire.

BOUFFONET.

En ce cas là, vous devez savoir que nous n'avons pas soupé.

ERNESTINE.

Je vais donner à vous tout de suite. ( *Elle sort*).

BOUFFONET.

Cette petite femme-là ne laisse pas que d'être gentille.

*Un valet entre, Ernestine lui parle à l'oreille, et il sort.*

GERMAIN.

Pouvons-nous savoir à qui nous avons l'honneur de parler ?

ERNESTINE.

A lé fille de la gouverneur .. pas davantage.

BOUFFONET, *à Germain.*

Nous sommes chez le gouverneur !

ERNESTINE.

Je plaigné vous beaucoup.

GERMAIN.

Le père d'une aussi jolie personne pourrait - il être méchant ?

ERNESTINE.

Oh ! point méchante, du tout.

Air : *La fuite en Egypte.*

Mon père, ennemi des Français,
Pour venger lui de leurs victoires,
Ne les emprisonne jamais
Que dans les prisons les plus noires.
Toujours de vengeance occupé,
Comme la diable il frappe, il gronde ;
Mais lorsqu'il a grondé, frappé,
C'est le meilleur homme du monde.

BOUFFONET

Ah ! chien de pays ! si je pouvais.... *Le domestique apporte du thé et des cigarres dans une assiette.* Soupons.... Qu'est-ce que c'est que ce souper-là ? de l'eau chaude et du tabac ?

ERNESTINE

Point de l'eau chaude, di tout..... C'est du thé.

BOUFFONET

Je me moque de votre thé.

Air : *Ton humeur est, Catherine.*

Cette boisson des plus fades,
Ne saurait me convenir,
Chez nous, ce n'est qu'aux malades,
Que votre thé peut s'offrir.

BARBARO.

Sous le Bourgogne il succombe
Qu'on l'entraîne loin de moi.
Il va tomber.

ROUGEBORD.

Si je tombe,
Coquin, ce sera sur toi! ( 3 fois. )

*On sépare Rosmoila de Rougebord, qui entre dans sa boutique furieux et menaçant Barbaro. Au même moment, on entend dans le lointain le chœur suivant :*

*Eh! gai, gai, gai.*

Eh! gai, gai, gai, pour nous, amis,
La victoire est certaine;
Eh! gai, gai, gai, sans peine,
Amis,
Nous obtiendrons le prix.

COCO.

Papa, c'est encore Oxessian.

BARBARO.

*Suite de l'air.*

Prenons notre revanche,
Le piège est bien dressé :
Tu tireras la planche
Dès qu'il aura passé.

LE CHOEUR.

Eh! gai, gai, gai, etc.

COCO.

Etes-vous sûr, mon père,
Qu'il passe le premier!...
Et que faudrait-il faire
S'il venait le dernier!

BARBARO.

Presto, presto.

LE CHOEUR.

Eh! gai, gai, gai, etc.

---

## SCENE XI.

Les Mêmes, **OXESSIAN**, sa Troupe, *tous en costumes de théâtre.*

BARBARO.

Air : *oh! oh! oh! oh! ah! ah! ah! ah!*

Nous vous attendons tous ici,
Avec impatience.

OXESSIAN.

J'n'ai fait qu' m'habilier, et m'voici.

BARBARO.

Passez sans méfiance.

*Dès qu'il a passé, on retire la planche.*

TOUS.

Ho ! ho, ho, ha ! ha, ha, ha, ha !

BARBARO ET LES SIENS.

Vous n'irez pas plus loin que çà,
Là, là.
Ho, ho, ho, ha, ha, ha, ha !

OXESSIAN ET LES SIENS.

Faut être un Barbaro pour çà.

Air : *Rendez-moi moi monécuelle.*

Rendez-nous cette planche,
Coquins,
Rendez-nous cette planche.

BARBARO ET LES SIENS.

Vous n'aurez pas la planche,
Faquins,
Vous n'aurez pas la planche.

LA TROUPE D'OXESSIAN.

Craignez que dans notre courroux,
Nous n'allions jusqu'à vous,
Sans la planche.
A la nage nous passerons tous.

BARBARO ET LES SIENS.

Eh ! bien, faites la planche.

OXESSIN ET LES SIENS.

Air : *Lubin a la préférence.*

Pour tant de scélératesses,
Ta baraque, maraud,
Bientôt,
Fera le saut ;
Et nous allons mettre en pièces
Tous les meubles du bas en haut.

BARBARO.

Cris en l'air, menace vaine.
*Montrant Rosmoila.*
Dans sa chambre qu'on l'entraîne.

ROSMOILA.

Adieu cher amant.

OXESSIAN.

Maudit garnement,
Je te r'pêch'rai, mort ou vivant.

BARBARO.

Arrachez-lui Rosmoila.

LA TROUPE DE BARBARO.

Saisissons-la,
Entraînons-la.

OXESSIAN.

Gare
L'premier qui s'en empare !

| OXESSIAN. | BARBARO. |
| --- | --- |
| Je l'empognerai, | Pleurs et soins perdus, |
| Je le rosserai, | Efforts superflus, |
| Je l'assommerai, | Vos nœuds sont rompus; |
| Je l'exterminerai. | Vous ne vous verrez plus. |

## SCENE XII.

OXESSIAN, *seul.*

Oxessian.... Est-ce bien toi ? Separé de tes camarades, arraché à ton objet, seul avec toi-même, moitié mort de soif et de faim, de fatigue et de chaud. Te voilà frais; et dire qu'c'est un maudit fossé qui est cause de tout çà. Ah! le proverbe a bien raison : après le fossé la culbute. Allons, le seul moyen d'oublier ma situation, c'est de n'y pas penser. V'là la guittare qui devait me servir de harpe pour l'opéra de ce soir... accompagnons-nous, çà me distraira.

Air : *Une jeune bergère.*

O doux sommeil, appaise
L's ennuis qu'j'ai sur les bras...
Pour dormir à mon aise,
J'suis dans d'bien vilains draps.
D'ronfler la nuit entière
Je ne suis pas ben sûr.
Il faut pour dormir sur la pierre
Avoir le sommeil dur.

Quand je meurs de faiblesse,
Que d'un rêve friand,
L'appétissante ivresse
Me soutienne un instant !
De ce joli mensonge,
L'attrait me nourrira,
Et si je tombe, c'est mon songe
Qui me relèvera.

## SCENE XIII.

OXESSIAN, ALTELA, *enveloppé d'un manteau.*

ALTELA, *accourant.*

Je viens te sauver.

OXESSIAN.

Que me proposes-tu ?

ALTELA.

Tu ne veux pas que je te sauve ?

OXESSIAN.

Non.

ALTELA.

Eh ! bien, sauve-toi.

OXESSIAN.

Pas d'avantage.

ALTELA.

Prends ce manteau.

OXESSIAN.

Pourquoi faire ?

ALTELA.

Pour délivrer Rosmoila.

OXESSIAN.

Rien ne presse.

ALTELA, *chantant.*

Veux-tu qu'avec Coco, pâle et défigurée,
Gemisse pour jamais une amante adorée?

OXESSIAN.

Je ne veux pas t'exposer à perdre tes appointemens?

ALTELA

On ne me les paie pas.

OXESSIAN.

Mais ils courent toujours.

ALTELA

Si vîte que je ne peux pas les attraper.

Air : *du partage de la richesse* ( de Fanchon. )

Ah ! permets que nouveau Pylade,
Je me dévoue à ton bonheur.

OXESSIAN.

A ce bienfait, cher camarade,
Que je reconnais bien ton cœur.

ALTELA.

De ton rival je te délivre.

OXESSIAN.

Tu perdrais ta peine et ton tems.

ALTELA.

Sans Rosmoila, pourrais-tu vivre?

OXESSIAN.

Mieux que toi sans appointemens. (bis.)

ALTELA.

O ! mon ami, si j'ai le bonheur de réussir. ( *Il chante.* )
Le plus heureux de tous, crois que c'est Altela.

OXESSIAN.

Tout le monde sait çà.

ALTELA

Que veux tu donc faire ?

OXESSIAN.

Dormir.

ALTELA

A la belle étoile.

OXESSIAN.

Je ne serai pas le premier.

ALTELA

Et sans avoir rien pris ?

OXESSIAN

Qui dort, dîne.

ALTELA

Tu le veux, bonne nuit. Dors.... (*à part.*) mais je veille.
*Il s'en va. Oxessian s'endort. Rougebord ouvre sa boutique. On le voit entouré de marmitons et occupé de sa cuisine. Une cheminée allumée offre une dinde bardée, tournant à la broche.*

OXESSIAN *dormant.*

Garçon, un poulet rôti.

---

## SCENE XIV.

OXESSIAN, *dormant*, ROUGEBARD, *dans sa boutique*, MARMITONS.

ROUGEBORD.

Va, maudit Barbaro, tu es bien heureux que j'aie eu besoin de prendre quelque chose ; sans çà, tu aurais vu que je ne me mouche pas du coude. .. Mais patience.

OXESSIAN *endormi.*

J'avais besoin de çà. (*Il remue la mâchoire comme s'il mangeait.*

ROUGEBORD.

Air : *Il était une Fille.*

Cette dinde farcie
Prend certaine couleur,
Qui sans mentir me fait honneur.
Comme elle est bien rôtie !
Ah ! sentez-vous déjà,
Quel fumet çà vous a.

OXESSIAN.

Ah !

ROUGEBORD.

Oxessian, j'espère,
Tout exprès pour me voir
Aura soin de venir ce soir.
Et cet ami sincère
Avec nous mangera
De cette dinde là.

OXESSIAN.

Ah !

ROUGEBORD.

Mais sur ce banc de pierre,
Qu'apperçois-je d'ici
Un homme! est mais, vraiment c'est lui.
De ma cuisine entière
Qu'à son tour chaque plat,
Charme son odorat.

OXESSIAN.

Ah!

*Marche des marmitons, portant chacun un plat de rôti different. Deux autres portent une table couverte d'une nappe. Oxessian remue toujours la machoire, et en mesure. La marche est sur l'air de celle de Lodoïska ; et elle est de tems à autre interrompue par ce refrain que chante Oxessian :*

Dès qu'on y pense ou qu'on y touche,
L'eau tout d'suite en vient à la bouche.

*Et la marche reprend. Les marmitons placent la table dans le fond et tous les autres y déposent leurs plats. Un roulement de tambour se fait entendre.*

OXESSIAN *que le bruit a réveillé.*

Arrêtez, arrêtez. (*Il flaire tous les endroits par où a défilé le cortège.*) Il a passé des bardes par ici... Pourquoi me suis-je éveillé!

---

## SCENE XV.

Les Mêmes, BARBARO, COCO, leur troupe.

BARBARO et les siens.

Air : *Rentemplan.*

Saisissons-nous à l'intant,
En plein, plan,
R'lan tamplan, tire lire emplan,
De ce repas succulent,
Et faisons bonne chère.

COCO.

Buvons tous, à plein verre,
A la santé d'mon père,
Et de son aimable enfant,
En plein, plan,
R'lan tamplan, tire lire emplan,
Dont avec c't objet charmant
La noce va se faire.

Asseyez-vous ma chère.

OXESSIAN, *à Coco.*

C'en est trop, téméraire,
Je t'extermine à l'instant,
En plein, plan
R'lan tamplan tire lire emplan.
*Il le jette à terre*

COCO, *se relevant.*

C'est un grand bonheur vraiment
Que je n' sois pas de verre.

BARBARO

Allons, mes amis, que tout se ressente de ma joie, et célébrez tous par des danses, le bonheur de mon fils Coco.

TOUTE LA TROUPE.

Vive Coco. *On danse le bastringue, et pendant ce tems-là, Altela fait défiler mystérieusement sur la planche qu'il remise, la troupe d'Oxessian, qui entre dans le jardin. Oxessian témoigne sa joie.*

COCO.

Comme il bisque, papa. Dam', c'est que le souper l'y passe sous le nez comme la femme.

BARBARO *à Rosmoila.*

Vous ne mangez pas, ma petite ?

ROSMOILA.

Je n'ai pas faim.

COCO

Çà viendra, çà viendra.

Air :

Vous êtes jeune et belle ;
Je suis dans mon printems :
L'un à l'autre fidèle,
Nos jours seront charmans.
Nous ferons d'Angoulême
L'ménage l'plus parfait ;
Vous en serez la crême,
Et j'en serai le lait. ( ter )

*Pendant les couplets suivans, Altela avec les amis d'Oxessian, sans être vus, font avancer le ballon de Barbaro, et en attachent les cordes à son siége et à celui de Coco.*

BARBARO

Air : *Il faut que l'on file, file, file.*

Mon cher fils, c'est à lui plaire,
Qu'il faut mettre ton bonheur......
Et vous, faites tout, ma chère,
Pour vous assurer son cœur.
Si c'est d'un espoir frivole,
Ou d'une simple parole,
Que l'on entretient l'amour,
Il s'envole, vole, vole, vole,
Il s'envole sans retour.

ALTELA *à Rosmoila.*

Ce moment qui vous afflige,
Devrait plaire à votre cœur.
Oui, c'est ce moment, vous dis-je,
Qui va vous rendre au bonheur.
S'affliger, c'est être folle....
Quand un mari nous désole,
Bientôt puni par l'amour..

*Coupant les cordes du ballon qui enlève Barbaro et Coco, lesquels jettent des cris de frayeur et de rage.*

Il s'envole, vole, vole, vole,
Il s'envole sans retour.

TOUS

Il s'envole, vole, vole, vole;
Il s'envole, ah ! le bon tour.

BARBARO ET COCO.

Au secours, au secours, ( *L'orchestre joue : va-t-en voir s'ils viennent.*

OXESSIAN *se jettant dans les bras d'Altela.*

O ami intime.

ROSMOILA

Sublime.

ROUGEBORD.

Magnanime.

OXESSIAN

Tu me fais passer du maximum de la douleur au nec plus ultrà de la félicité.

ALTELA *chante.*

» Le plus heureux de tous, crois que c'est Altela.
» Le plus heureux de tous, crois que c'est.....

OXESSIAN *l'interrompant.*

Alte là ; tu me l'as déjà dit.

## VAUDEVILLE.

Air *du vaudeville de la Nuit manquée.*

Allons amis, sur notre théâtre,
Que la gaité soit toujours de saison;
Rien ne plaît tant qu'un genre folâtre :
Quand on fait rire on a toujours raison

Notre succès dépend de notre zèle,
Or, il faudra que sans exceptions.
A son amant, chez nous la moins fidèle,
Tâche de l'être aux répétitions.

TOUS.

Allons amis, etc.

ROUGEBORD.

Pour votre bien, au désir de trop boire,
Quand vous joûrez, craignez de succomber
Car si le pied manque avec la mémoire,
Double raison, mes amis, pour tomber.

TOUS.

Allons, amis, etc.

ALTELA.

Depuis long-tems, Polymnie étouffée,
A Terpsychore avait cédé ses droits;

Elle expirait, mais un nouvel Orphée
Lui rend sa lyre et son trône à-la-fois.

TOUS.

Allons, amis, etc.

ROSMOILA, *au Public.*

Anacréon, Alceste, Iphigénie,
Comme Ossian ont été travestis,
Et les pipeaux de l'humble Parodie
Osaient s'unir à leurs accens hardis.
Puisse aujourd'hui notre badinage,
Quoique tardif, être encore de saison,
Et prouvez-nous par votre suffrage,
Qu'en faisant rire on a toujours raison.

*Le Chœur répète.*



FIN.

De l'Imprimerie de HOCQUET et Comp., rue St.-Lazare, N. 110, maison Ruggieri.

PIECES DE THÉATRE *du fond de Mad.* CAVANAGH.

---

Amant rival de sa maîtresse, opéra par Henrion et Piccini.
Amateur tout seul, ou Je Débute, monol. Rougemont.
Arlequin musard, vaud. Désaugiers et Francis.
Bombarde, parod. d'Ossian; par Daudet, Servière et Léger.
Bouffe et le Tailleur (le) op.-bouf. A. Gouffé et Villiers.
Brisquet et Jolicœur, vaudev. de Dumaniant et Servière.
Cadet Roussel chez Achmet, folie. Bosquier-Gavaudan.
Caponnet, vaud. de Chazet et Francis.
Cassandre Polygraphe, ou le célèbre Feuilleton. Mayeur.
Charbonniers de la Forêt Noire. Sewrin, Serv. et Lafort.
Clémence Isaure, vaudev. de A. Gouffé et G. Duval.
Cric-Crac, vaudeville, de Désaugiers et Jacquelin.
Edouard et Adèle, com.-vaud. de J.-B. Dubois.
Hôtel de Lorraine, pr.-v. Chazet, Lafortelle et Francis.
Jean-Bart, vaudeville, par Ligier, Servière et G. Duval.
Languille de Melun, vaud. poissard. G. Duval.
L'Un après l'Autre, vaudev. de Désaugiers et Francis.
Malade par amour, ou la Rente Viagère. Henrion et Brazier
Manon la Ravaudeuse, de Servière, Henrion, Désaugiers.
Médecin de Palerme, vaud. Chazet et Sewrin.
Médecin turc (le) opéra de Armand-Gouffé et Villiers,
Mode ancienne et la mode nouvelle. Gaugiran-Nanteuil.
M. Girouette, com. de J. B. Dubois.
Mot de l'Enigme, v. de Chazet, Désaugiers et Lafortelle.
Naufrage pour Rire, vaud. de Désugiers.
Ninon de l'Enclos, v. de Arm. Ragueneau et Henrion.
Oxessian, ou Oh que c'est sciant! parodie d'Ossian, vaud.
Pépinières de Vitry, vaud. de Radet et A. Gouffé.
Pistache, ou le Jour de l'an, v. de Francis et Désaugiers.
Revue de l'an onze, par Chazet.
Scapin tout seul, par Moreau et Dumersan.
Seringa, vaud. Armand-Gouffé, G. Duval et T...
Une Heure d'Alcibiade, op. de Dumolard.
Un quart-d'heure d'un Sage, par Léger et Servière.
Un et un font onze, vaud. de Villiers et H. Chaussier.
Vélocifères (les) vaud. de Dupaty, Chazet et Moreau.
Vestale et l'Amour (la) vaud. Henrion.
Vielleuse du boulevard, mélod. de H. Chaussier.
Vincent de Paul, drame en 3 actes, en vers, de Dumolard.
Voyageur (le), comédie, par Sewrin.

On trouve chez Mad. *Cavanagh*, plusieurs Assortimens de pièces de théâtre, tant anciennes que modernes.

79

www.ingramcontent.com/pod-product-compliance
Ingram Content Group UK Ltd.
Pitfield, Milton Keynes, MK11 3LW, UK
UKHW021036260726
13994UKWH00005B/2183

9 782329 392356